L. COUTURAT

POUR
LA LANGUE INTERNATIONALE

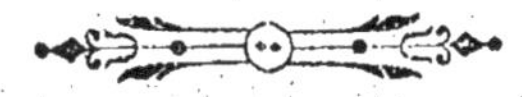

COULOMMIERS
IMPRIMERIE PAUL BRODARD

1906

DÉLÉGATION

POUR L'ADOPTION D'UNE LANGUE AUXILIAIRE INTERNATIONALE

DÉCLARATION

Les soussignés, délégués par divers Congrès ou Sociétés pour étudier la question d'une Langue auxiliaire internationale, sont tombés d'accord sur les points suivants :

1° Il y a lieu de faire le choix et de répandre l'usage d'une Langue auxiliaire internationale destinée, non pas à remplacer dans la vie individuelle de [illegible] peuple les idiomes nationaux, mais à servir aux relations [illegible]rites et orales entre personnes de langues maternelles différentes.

2° Une Langue auxiliaire internationale doit, pour remplir utilement son rôle, satisfaire aux conditions suivantes :

1re *Condition.* — Être capable de servir aux relations habituelles de la vie sociale, aux échanges commerciaux et aux rapports scientifiques et philosophiques ;

2e *Condition.* — Être d'une acquisition aisée pour toute personne d'instruction élémentaire moyenne et spécialement pour les personnes de civilisation européenne ;

3e *Condition.* — Ne pas être l'une des langues nationales.

3° Il convient d'organiser une Délégation générale représentant l'ensemble des personnes qui comprennent la nécessité ainsi que la possibilité d'une langue auxiliaire et sont intéressées à son emploi. Cette Délégation nommera un Comité composé de membres pouvant être réunis pendant un certain laps de temps.

Le rôle de ce Comité est fixé aux articles suivants.

4° Le choix de la Langue auxiliaire appartient d'abord à l'Association internationale des Académies, puis, en cas d'insuccès, au Comité prévu à l'article 3.

5° En conséquence, le Comité aura pour première mission de faire présenter, dans les formes requises, à l'Association internationale des Académies, les vœux émis par les Sociétés et Congrès adhérents, et de l'inviter respectueusement à réaliser le projet d'une Langue auxiliaire.

6° Il appartiendra au Comité de créer une Société de propagande destinée à répandre l'usage de la Langue auxiliaire qui aura été choisie.

7° Les soussignés, actuellement délégués par divers Congrès et Sociétés, décident de faire des démarches auprès de toutes les Sociétés de savants, de commerçants et de touristes, pour obtenir leur adhésion au présent projet.

8° Seront admis à faire partie de la Délégation les représentants de Sociétés régulièrement constituées qui auront adhéré à la présente Déclaration.

N. B. — Cette *Déclaration* formule le programme officiel de la DÉLÉGATION. Elle constitue la base d'entente et le plan d'action des Sociétés et Congrès adhérents, énumérés dans l'*État de la Délégation*.

L'*Association internationale des Académies*, fondée en 1900, comprend les Académies ou Sociétés des Sciences d'Amsterdam, Berlin, Bruxelles, Budapest, Christiania, Copenhague, Gœttingue, Leipzig, Londres (*Royal Society*), Munich, Paris (*A. des Sciences, A. des Sciences morales, A. des Inscriptions*), Pétersbourg, Rome (*A. dei Lincei*), Stockholm, Vienne et Washington. Elle tient une Assemblée générale tous les trois ans (Paris, 1901 ; Londres, 1904), et est représentée dans l'intervalle par un Comité. « Pour la prise en considération, l'étude et la préparation d'entreprises et de recherches scientifiques d'intérêt international, des Commissions internationales spéciales peuvent, sur la proposition d'une ou de plusieurs des Académies associées, être instituées, soit par l'Assemblée générale, soit, dans l'intervalle, entre deux Assemblées générales, par le Comité. » (§ 10 des *Statuts*.)

On est prié de collaborer à l'œuvre de la *Délégation* :

1° En la faisant connaître autour de soi et en provoquant la nomination de Délégués par les Sociétés savantes, les Chambres de Commerce, les Associations professionnelles et les Congrès. Les fonctions de Délégué n'entraînent aucun déplacement ni frais : elles peuvent se réduire à voter (par correspondance) pour l'élection du Comité futur (art. 3 de la *Déclaration*) et à rendre compte à la Société mandataire des travaux de la *Délégation*.

2° En souscrivant une somme quelconque pour les frais de propagande. Les souscripteurs de 5 francs au moins reçoivent régulièrement les circulaires de la *Délégation*.

Le *Secrétaire* de la Délégation est M. LEAU, **6, rue Vavin** (Paris, VIe).

Le *Trésorier* est M. COUTURAT, **7, rue Nicole** (Paris, V^e).

1024-05. — Coulommiers. Imp. PAUL BRODARD. — 12-05.

POUR
LA LANGUE INTERNATIONALE

Nécessité d'une L. I.

De tous les progrès accomplis au XIXe siècle, le plus important peut-être et en tout cas le plus frappant est celui des moyens de transport et de communication. La vapeur a abrégé les distances; l'électricité les a supprimées. Il en est résulté un développement à la fois intensif et extensif des relations commerciales et intellectuelles entre tous les peuples. Le monde civilisé, qui se réduisait presque, il y a un siècle, à la vieille Europe, s'est accru de nations nouvelles et de continents entiers [1]. Le marché européen s'étend sur toute la terre; la science et l'industrie, jadis confinées chez deux ou trois nations privilégiées dont les autres étaient tributaires, se sont répandues dans tous les peuples civilisés, et comme chacun d'eux contribue à leur avancement, tous profitent presque simultanément des découvertes et des progrès de chacun. Il en résulte une communauté d'intérêts et une communauté d'idées toujours croissantes, qui établissent entre les peuples une étroite solidarité.

Ces relations internationales, qui vont s'étendant et se multipliant sans cesse, font sentir de plus en plus vivement le besoin d'un organe commun; car le principal obstacle, sinon le seul, qu'elles rencontrent désormais, est la diversité des langues. Les moyens de communication intellectuels sont en retard, d'une manière choquante, sur les

1. Le Japon a accédé en 1900 au droit international européen.

moyens de communication matériels. « *On n'a rapproché que les corps, on n'a rien fait pour rapprocher les esprits*[1]. » A quoi nous sert de pouvoir voyager, écrire, converser d'un bout du monde à l'autre, si nous ne nous « entendons » pas ? Nous sommes dans la situation tristement ridicule de sourds-muets à qui l'on offrirait un téléphone. Et, en fait, ne sommes-nous pas tous plus ou moins sourds et muets à l'égard des étrangers ?

Dans les sciences notamment, pour quiconque veut « se tenir au courant », il est de plus en plus nécessaire de suivre le mouvement des idées dans tous les pays ; et il est de plus en plus impossible de le faire, en raison du nombre toujours grandissant des peuples qui y prennent part. C'est là un état de choses contradictoire qui ne saurait durer. Mais c'est particulièrement dans les Congrès internationaux, comme ceux qui se sont tenus à Paris en 1900, qu'on éprouve le besoin d'un langage commun à toutes les nations. Alors qu'un accord croissant s'établit sur les vérités scientifiques et même philosophiques, alors que se manifestent des affinités intellectuelles et des sympathies entre penseurs de nations différentes, la différence des langues apparaît comme le principal obstacle à l'échange des pensées, à l'entente complète et à la pénétration intime des esprits. L'identité fondamentale des *idées* fait paraître gênante et absurde la diversité des *mots* et des formes grammaticales, qui souvent les dénaturent et les faussent. On comprend donc que plusieurs de ces *Congrès*, ainsi que quelques Sociétés savantes, aient vivement ressenti le besoin d'une langue internationale, et aient exprimé le vœu d'en voir adopter une. Les délégués de ces *Congrès* et *Sociétés* ont adopté, dans ses grandes lignes, le plan d'action proposé par l'un d'eux, M. Leau, docteur ès sciences, délégué de la *Société philomathique de Paris*[2] ; ils ont rédigé en commun une Déclaration[3] qui détermine les conditions que la future L. I. devra remplir, et fixe la marche à suivre pour la réaliser. C'est ce programme que nous allons exposer et développer.

1. M. de Beaufront, Préface du *Manuel complet de l'Esperanto*, p. 5, 4e éd. (Paris, Le Soudier, 1899).

2. Voir sa brochure : *Une Langue universelle est-elle possible ?* Appel aux hommes de sciences et aux commerçants (Paris, Gauthier-Villars, 1900).

3. Voir le texte de cette Déclaration, p. 31-32.

Langue auxiliaire, parlée et écrite.

Tout d'abord, pour éviter tout malentendu, nous tenons à déclarer qu'il ne s'agit nullement d'une *langue universelle*, destinée à supprimer et à remplacer tôt ou tard les langues nationales; mais bien d'une langue internationale *auxiliaire*, destinée « à servir aux relations écrites et orales entre personnes de langues maternelles différentes ». Ce serait la langue *étrangère* commune à tous les peuples, la *seule* par conséquent que chacun d'eux aurait à apprendre pour pouvoir communiquer avec tous les autres, en un mot, la *deuxième pour tous* [1].

La L. I. devrait, disons-nous, être à la fois *parlée* et *écrite*, comme toutes nos langues nationales, de manière à servir aussi bien à la conversation qu'à la correspondance. J'ai noué des relations épistolaires avec un savant étranger; nous nous rencontrons, ensuite, à un Congrès ou ailleurs : il faut évidemment que je puisse me servir, pour m'entretenir avec lui, de la même langue que nous avons employée dans nos lettres pour traiter les mêmes sujets. J'ajoute une condition bien naturelle, et plus nécessaire qu'on ne croit : on devra pouvoir *parler* et *entendre* la L. I. dès qu'on saura l'*écrire* et la *lire* couramment. En effet, on aura beaucoup moins d'occasions de la parler que de l'écrire; et tout le travail intellectuel dépensé pour apprendre à l'écrire deviendrait inutile, s'il fallait un nouvel apprentissage pour l'usage *oral*. Cette condition exclut, par exemple, toute langue *idéographique* analogue au chinois.

Extension et usages de la L. I.

La L. I. devra pouvoir servir : 1° aux *savants* de tout ordre, en comprenant sous ce terme les philosophes, les juristes, les médecins, les ingénieurs, les historiens, les érudits, bref, tous les hommes d'étude; 2° aux industriels et aux commerçants; 3° aux voyageurs et aux touristes. Cette exigence ou cette prétention peut paraître ambitieuse au premier abord; mais elle est *absolument nécessaire*. Il faut se

1. Devise de la *Langue bleue*, de M. Léon Bollack.

mettre en garde contre l'idée chimérique d'une langue purement et exclusivement *savante*. D'abord, où finit la science? où commencent le commerce et l'industrie ? Les instruments de physique, les produits chimiques, etc., auront-ils deux noms, l'un pour les savants, l'autre pour les profanes? Si nous annexons à la langue savante tous les termes techniques, elle sera nécessairement la langue du commerce et des voyageurs de commerce. Mais alors elle devra être aussi celle des simples voyageurs, d'autant qu'ils ont forcément affaire aux commerçants. Les savants eux-mêmes ne sont pas de purs esprits, et, une fois sortis de leurs bibliothèques et de leurs laboratoires, ils ont les mêmes besoins pratiques que le commun des mortels. Une langue savante ne leur servira de rien; il leur faudra donc apprendre en outre la L. I. des commis voyageurs. Le danger d'une L. I. savante serait la formation inévitable d'une L. I. commerciale et utilitaire, et comme celle-ci serait cent fois plus employée que l'autre, elle la détrônerait infailliblement. Au surplus, il est absurde de distinguer la langue savante de la langue vulgaire, et d'y voir deux langues différentes; à part quelques termes spéciaux comme il y en a dans tous les métiers, le fond de la langue est le même pour un boutiquier et pour un académicien, et la preuve en est qu'ils se comprennent fort bien, quand l'académicien va faire ses emplettes chez le boutiquier. La L. I. ne doit donc pas être une langue technique et aristocratique, réservée à quelques initiés, mais une langue usuelle et quotidienne, qui puisse servir aussi bien dans les hôtels et dans les gares que dans les Sociétés savantes et les Congrès. En un mot, elle doit avoir les mêmes usages et le même domaine que chacune de nos langues nationales.

Exclusion des langues nationales.

La solution en apparence la plus simple, celle qui se présente la première à l'esprit, consiste à choisir comme L. I. une des langues actuellement vivantes. Mais c'est là en réalité une solution irréalisable, et c'est la seule que nous nous permettions d'exclure *a priori*. Il est *impossible*, en effet, que tous les peuples se mettent d'accord pour adopter la langue de l'un quelconque d'entre eux. Un tel choix se heurterait non seulement à l'amour-propre légitime des diverses nations, mais encore à leurs intérêts politiques et économiques, car il conférerait à la nation favorisée un avantage énorme sur ses rivales dans les relations commerciales et même scientifiques. La langue d'un peuple est le véhicule de ses idées, de son influence, de ses produits et même de ses modes; elle est aussi l'incarnation de son esprit, le symbole de son unité nationale, de son indépendance et de sa suprématie. Jamais les grandes nations ne consentiront à baisser pavillon devant l'une d'entre elles, à lui reconnaître une espèce d'hégémonie, et à devenir en quelque sorte ses tributaires.

Ajoutons qu'aucune langue nationale ne peut prétendre à une supériorité marquée sur toutes les autres; aucune ne possède la simplicité, la régularité et la perfection idéales. Toutes présentent des difficultés diverses, mais à peu près équivalentes; des complications inutiles, des exceptions sans nombre, des lacunes et des bizarreries. Lors même que les philologues de tous les pays mettraient de côté leur amour-propre national pour ne considérer que les qualités logiques des différentes langues, ils ne parviendraient pas à se mettre d'accord sur la meilleure de toutes. Puis donc que toute entente internationale est manifestement impossible sur ce point, il faut que, dans leur intérêt commun, tous les peuples renoncent à des espérances chimériques et à des prétentions injustifiables, et adoptent une langue *neutre* qui ne coûtera aucun sacrifice à leurs intérêts matériels et moraux, ni même à leur vanité.

La pluralité des langues.

Il y a une autre solution, qui n'est qu'un pis-aller, et que nous ne croirions pas nécessaire de réfuter, si elle n'avait fait l'objet d'un vœu du *Congrès des Mathématiciens*. Elle consisterait à réduire à *cinq* ou *six* le nombre des langues nationales employées dans la science (et sans doute aussi dans le commerce). Ce projet est absolument irréalisable. Quelle est en effet l'autorité qui aurait qualité pour choisir les cinq ou six langues privilégiées, et surtout pour exclure toutes les autres? Une telle décision serait éminemment arbitraire et partiale, et donnerait lieu à autant de conflits, pour le moins, que le choix d'une seule langue comme L. I. De plus, lors même que cette décision aurait été prise, qui donc aurait le pouvoir de la faire exécuter? Les peuples dont on voudrait bannir la langue refuseraient à bon droit de sacrifier ce symbole de leur unité nationale ; et ils tiendraient d'autant plus à ne pas abdiquer en faveur d'une langue étrangère, que leur patriotisme aurait plus à craindre d'une vassalité morale à l'égard d'une nation voisine et prépondérante. Seule une langue neutre peut ménager les susceptibilités de toutes les nationalités, concilier leur patriotisme et leur intérêt, et les mettre sur un pied d'égalité, de manière à rallier tous les suffrages. Une telle langue ne serait donc pas « l'ennemie, mais la meilleure amie des langues nationales[1] ».

Mais admettons, contre toute vraisemblance, que cette solution s'impose à la longue, par la « force des choses » (qui n'est trop souvent que la paresse des hommes). Tous les peuples (j'entends la partie instruite) seraient alors condamnés à apprendre cinq ou six langues, non seulement différentes, mais tout à fait hétérogènes, dont chacune offre des difficultés diverses et exige des années d'étude et d'exercice. L'enseignement secondaire serait donc entièrement accaparé par les langues vivantes, au détriment des connaissances positives (sciences, histoire) et même de la véritable culture littéraire. On ne pouvait mieux montrer l'absurdité du régime actuel qu'en le systématisant : pour se tenir au courant des travaux scientifiques qui les intéressent, les savants devraient être tous polyglottes; mais, pour être polyglottes, ils devraient avoir négligé toute autre étude, et par suite être de parfaits ignorants.

En réalité, ce vœu, dépourvu de toute sanction pratique, tend simplement à perpétuer l'état de choses actuel, et par là même à l'aggraver. Chaque savant continuerait à apprendre tant bien que mal deux ou trois langues, qui lui permettraient de se débrouiller à peu près dans la moitié de l'Europe, et de prendre connaissance de la moitié des travaux qui l'intéressent. L'autre moitié resterait pour lui lettre morte, et il continuerait à être privé de communication avec une grande partie du monde civilisé.

Il y a bien le secours des traductions, dira-t-on ; mais est-ce qu'on traduit dans les principales langues tout ce qui paraît d'intéressant dans l'univers, je ne dis pas en littérature, mais en science? Voici un ouvrage de haute science; il intéresse un millier de savants dans le

1. M. de Beaufront, président de la *Société pour la propagation de l'Esperanto*.

monde, soit en moyenne 200 dans chacune des principales langues. Si on le traduisait dans chacune d'elles, aucune de ces traductions ne ferait ses frais; donc on ne le traduira pas. Mais si on le traduit dans la L. I., cette traduction trouvera un débouché suffisant. Ajoutez à cela qu'on aura économisé le temps et la peine de *quatre* ou *cinq* traducteurs (surtout si l'auteur écrit directement dans la L. I.), et qu'on aura mis l'ouvrage d'un seul coup à la portée de tout le public international, alors qu'il serait resté longtemps, peut-être même toujours, ignoré d'une bonne moitié. Tel serait un des avantages d'une langue *unique* et *commune* à tous les peuples.

Avis au lecteur.

Jusqu'ici je n'ai fait que commenter la DÉCLARATION collective qui doit servir de base d'entente à tous les délégués présents et futurs, et pour laquelle nous sollicitons les adhésions. Une fois l'accord établi sur ces principes, toutes les opinions sont libres. Je demande donc la permission d'exprimer *la mienne*, pour plusieurs raisons. D'abord, délégué par le *Congrès de Philosophie* pour étudier la question de la L. I., je dois rendre compte de mon mandat à ceux qui me l'ont confié, les tenir au courant de mes études et leur en communiquer le résultat. Ensuite, la première et la plus grave objection qu'on adresse à la L. I. est celle-ci : Est-elle possible? Or nous serions coupable de légèreté, sinon d'abus de confiance, si nous faisions de la propagande pour un projet, sans nous être assuré de sa possibilité. Pour cela, il a bien fallu que nous prenions connaissance de quelques-uns des essais anciens ou contemporains de la L. I., d'autant plus que l'existence de systèmes actuellement pratiqués est la meilleure preuve de sa possibilité. En outre, pour répondre à certaines objections et réfuter certains préjugés contraires à la L. I., nous sommes obligé de préciser et de fixer les idées, parce que certaines critiques portent contre certains systèmes et non contre les autres.

Enfin, nous devons supposer que nos lecteurs n'ont aucune idée d'une L. I., et ne connaissent aucun projet, ou, qui pis est, n'en connaissent que de défectueux; il est donc nécessaire de leur donner un aperçu comparatif des divers systèmes proposés, et d'éclairer leur jugement. N'étant ni l'auteur ni même l'adepte d'aucun projet particulier, nous croyons remplir les conditions exigibles d'impartialité et de désintéressement, et si nous manifestons une préférence pour tel genre de systèmes plutôt que pour tel autre, c'est que nous sommes absolument convaincu que la solution *pratique* et définitive du problème ne peut se trouver que dans une direction déterminée. Mais, bien entendu, ce n'est qu'une *opinion personnelle*, que nous soumettons au libre examen de nos lecteurs, et qui comporte et appelle la discussion.

Le latin comme L. I.

La première solution qui vient à l'esprit des savants, et surtout des lettrés, consiste à adopter le latin, qui fut jadis la langue universelle du monde savant. Mais, d'abord, le latin prête le flanc aux objections que nous avons adressées plus haut à une langue savante en général. On ne saurait trop le répéter, la L. I. n'est pas destinée aux seuls savants; elle doit être accessible à toute personne d'instruction moyenne, en particulier à ceux qui ne savent que leur langue maternelle, aux adultes et aux femmes. On doit donc pouvoir l'apprendre seul et sans maître. Or aucune de ces conditions n'est remplie par le latin, qui est aussi difficile que les plus difficiles des langues vivantes, et qui offre les mêmes inconvénients : une grammaire et une syntaxe compliquées et irrégulières. Il n'a qu'un seul avantage sur elles : c'est d'être une langue *neutre*. Mais il a en revanche un désavantage énorme : c'est d'être une langue morte; sa structure et son vocabulaire correspondent à un état de civilisation passé et irrévocablement dépassé. C'est d'ailleurs la raison pour laquelle l'usage s'en est perdu parmi les savants, qui pourtant le possédaient si bien. On ne remonte pas le cours des siècles; on ne ressuscite pas les morts.

Certains essaient pourtant de ressusciter le latin en lui infusant un sang nouveau; on prétend qu'il se prête parfaitement à l'expression des idées modernes : et l'on cite comme exemple la *Vox Urbis*, qui a ingénieusement traduit *bicyclette* par *birota velocissima* [1]. Cette élégante périphrase (à la Delille) ferait sans doute fort bien en vers latins; elle serait plutôt encombrante et déplacée dans une lettre d'af-

1. Angelo Valdarnini, *Il sovraccarico della mente e lo studio d'una lingua internazionale* (Bologne, 1900).

faires, ou sur l'enseigne d'une boutique. Et combien y a-t-il d'idées scientifiques et techniques dont le latin ne fournit même pas une périphrase intelligible ! S'il fallait choisir une langue morte, nous opterions pour le grec, qui se prête bien mieux à la formation de mots nouveaux et auquel sont empruntés déjà tant de termes techniques [1]. Mais supposons qu'on modernise le vocabulaire latin, qu'on l'enrichisse de néologismes que les puristes traiteront de barbarismes, comme *magazina* et *realisare* (LEIBNIZ). La grammaire et la syntaxe seront toujours beaucoup trop difficiles et compliquées. Il faudra donc les simplifier, ramener tous les noms à une seule déclinaison, tous les verbes à une seule conjugaison. Seulement la langue ainsi obtenue ne sera plus le latin de Cicéron ni même le latin des scolastiques ; ce sera une langue artificielle à base de latin, qui sera encore moins simple et moins internationale qu'une langue purement artificielle.

Au surplus, une telle réforme détruirait le principal argument des partisans du latin, et irait contre leurs vœux les plus chers. En effet, s'ils préconisent cette solution, c'est pour renouer et continuer la tradition défunte, et pour réconcilier les études classiques avec les études scientifiques ; or le néo-latin n'aurait que le nom de commun avec la langue de Virgile, et ce ne serait pas restaurer les humanités, mais au contraire les ruiner irrémédiablement, que de les associer à l'étude d'une langue barbare que les latinistes ne reconnaîtraient plus [2].

Bien au contraire, les partisans des études classiques (dont nous

1. Aussi M. RAOUL DE LA GRASSERIE a-t-il proposé d'emprunter les radicaux de la L. I. à la langue grecque : *De la possibilité et des conditions d'une langue internationale* (Paris, Maisonneuve, 1892).

2. On en pourrait dire autant de certains projets qui consistent à simplifier et à régulariser une langue vivante : d'abord, ils ne remplissent pas la condition de la *neutralité* ; ensuite, une telle langue serait incompréhensible pour le peuple même à qui on l'emprunterait, de sorte que la nation « favorisée » serait la dernière à adopter sa propre langue défigurée. On sait quelle résistance la moindre réforme de l'orthographe et de la syntaxe rencontre chez les partisans de la tradition, de sorte qu'il est incomparablement plus facile de faire accepter une langue neuve qu'une langue ainsi réformée ; sans compter qu'une langue artificielle sera toujours beaucoup plus simple, plus régulière et plus internationale.

sommes) n'ont qu'un moyen de les sauver, en présence de la concurrence toujours croissante des études utilitaires et surtout des langues vivantes : c'est de lutter pour l'adoption de la L. I., qui dispenserait d'apprendre *plusieurs* langues étrangères, et dont l'étude, bien moins longue que celle d'aucune langue vivante, laisserait presque tout le temps libre, soit pour l'étude approfondie des langues et des littératures classiques, soit pour celle des sciences et des connaissances pratiques. Ce serait aussi le meilleur moyen de remédier à la surcharge des programmes de l'enseignement secondaire dans tous les pays, et au surmenage intellectuel qui en résulte, ou tout au moins à la polymathie superficielle et stérile que les pédagogues déplorent avec raison[1].

Tout ce qu'on peut dire en faveur du latin et du grec, c'est que, ces deux langues ayant fourni les *racines* de la plupart des mots scientifiques, il convient que la L. I. leur emprunte son vocabulaire scientifique, d'autant qu'un tel vocabulaire est déjà en grande partie international. Mais il faut se garder de tout exclusivisme, et ne pas vouloir emprunter *toutes* les racines aux *seules* langues mortes : un tel vocabulaire ne serait pas assez international (pour ceux qui ne savent que leur langue maternelle) ni vraiment *neutre*; car il favoriserait trop les peuples de langue romane, et risquerait de n'être pas accepté par les peuples germaniques et slaves. Nous verrons plus loin dans quelle mesure et suivant quel principe les racines gréco-latines pourront et devront figurer dans le vocabulaire de la L. I. Mais il y a intérêt à ce que celui-ci, surtout pour les mots usuels, se rapproche davantage des langues nationales; or cela est possible, comme on le verra plus loin.

Les langues philosophiques.

Si l'on écarte les langues mortes, on a encore le choix entre deux genres de solutions : les *langues philosophiques* et les *langues artificielles*. Les langues philosophiques prétendent être des incarnations de la logique et des instruments de la pensée. Le nom de chaque chose exprimerait symboliquement sa nature et traduirait sa définition, de

1. Ernest Naville, *La Langue internationale*, mémoire présenté à l'*Académie des Sciences morales et politiques* (janvier 1899).

sorte qu'on pourrait raisonner et pour ainsi dire calculer au moyen des mots eux-mêmes. Nous ne parlons pas ici des systèmes modernes de *pasigraphie*, d'*idéographie* ou de *Calcul logique*, fort utiles et fort intéressants comme tels (et dont personnellement nous sommes grand partisan), mais qui se trouvent exclus par le seul fait qu'ils ne sont pas *parlables*, et qu'on est obligé de les lire chacun dans sa langue. Nous faisons allusion à des systèmes anciens, proposés surtout par des philosophes, notamment par Descartes et par Leibniz. Notre qualité de philosophe, et l'étude spéciale que nous avons faite de la *Logique de Leibniz*, nous donnent peut-être le droit de déclarer que de tels projets sont absolument chimériques. Ils reposent en effet sur ce postulat que toutes nos idées sont des combinaisons homogènes et uniformes d'un petit nombre d'idées simples, qui composeraient l'*Alphabet des pensées humaines*.

Or c'est là une conception fausse et infiniment trop simpliste du mécanisme de la pensée. Elle réduit tous les jugements aux jugements de prédication, et toutes les propositions au seul verbe *être*; elle méconnaît toutes les relations concevables entre les idées ou les choses, à part une seule, celle du genre à l'espèce. Une langue fondée sur ce principe serait impuissante à traduire un relatif (*qui*, *que*, etc.), et même un simple génitif, car, lorsqu'on aurait classé par exemple tous les chiens suivant leurs races, on n'aurait pas de définition, ni partant d'expression, pour le *chien d'aveugle* et le *chien du jardinier*. Cela signifie, au fond, qu'il est et sera toujours impossible de classer tous les objets *par genres et par espèces*, et par suite de leur donner des noms scientifiques comme aux espèces animales et végétales.

D'ailleurs, une telle nomenclature aboutit, dans la pratique, à l'arbitraire, comme le montre l'exemple des systèmes de Dalgarno et de Wilkins, dont Leibniz s'inspirait. Ils adoptaient une forme commune pour les noms des êtres du même genre, en faisant varier seulement la dernière lettre pour désigner les diverses espèces. Par exemple :

Nηka	signifiait	*Eléphant.*
Nηkη	—	*Cheval.*
Nηke	—	*Ane.*
Nηko	—	*Mulet.*

et ainsi de suite[1]. Or comment distinguer et se rappeler les sens de ces mots si semblables? Cela revient exactement à dire : *Animal n° 1, n° 2, n° 3....* Mais pour savoir quel animal correspond à tel numéro, il faudrait sans cesse recourir au dictionnaire. Autant vaudrait numéroter, comme BECHER[2], les mots de chaque langue en assignant le même numéro aux mots équivalents.

Ces systèmes méconnaissent ainsi une loi psychologique, une exigence de la mémoire : plus le sens des mots est semblable, plus ils doivent différer de forme pour être distingués et retenus. On apprendra plus vite et on confondra moins aisément les mots *éléphant*, *hippopotame* et *rhinocéros*, que : *pachyderme A*, *pachyderme B*, *pachyderme C....*

Mais le plus grand défaut de ces systèmes, et la plus grave erreur de leurs auteurs, consiste à supposer que les éléments simples de nos idées sont en très petit nombre, et peuvent se représenter par une collection de lettres ou de syllabes assez restreinte pour être aisément retenue. Pour dissiper cette illusion, il suffira de dire que l'analyse logique des concepts *mathématiques* seulement exige une *centaine* de symboles différents et irréductibles[3]. On sait quelle longueur et quelle complication atteignent les termes de la Chimie organique, justement parce que, au lieu d'être de simples *noms* (comme : acide oxalique), ils prétendent être des *définitions* et traduire la formule du corps nommé. Qu'on juge par là du nombre de caractères nécessaires pour exprimer le plus simple de nos mets, puisque son nom devrait non seulement en énumérer tous les ingrédients, mais en indiquer la composition et en résumer la préparation. On est effrayé à la pensée de la longueur des mots qui traduiraient idéographiquement *pain* et *vin*, *caviar* et *plum-pudding*. Ce serait une idéographie aussi compliquée que l'écriture chinoise; par suite, elle ne pourrait pas s'énoncer oralement, et ne remplirait pas une des conditions essentielles de la L. I.[4].

1. DALGARNO, *Ars signorum, vulgo Character universalis et lingua philosophica* (1661).

2. *Character pro notitia linguarum universali* (1661).

3. PEANO, *Formulaire de Mathématiques* (1901), p. VII et 213. Et le vocabulaire mathématique comprend 17 000 mots!

4. Ou bien il faudrait (comme le prévoyait LEIBNIZ) avoir pour chaque objet deux noms, l'un scientifique, l'autre vulgaire, ce qui engendrerait la duplicité de langue dont nous avons montré les inconvénients.

Enfin, l'analyse logique de tous nos concepts est loin d'être achevée et ne le sera sans doute jamais[1]. Heureusement elle n'est pas nécessaire pour s'entendre, non seulement sur les mots, mais même sur les notions les plus complexes. Bien plus, elle ne pourrait que gêner la pensée, si elle devait être une condition nécessaire de son expression. En effet, si chaque mot était la définition de l'idée, il faudrait avoir cette définition présente à l'esprit toutes les fois qu'on emploierait ce mot. Mais on n'arriverait jamais à énoncer une proposition, s'il fallait substituer mentalement à chaque terme sa définition. Le raisonnement n'est possible, comme l'a remarqué LEIBNIZ lui-même, que grâce à ce qu'il appelait le *psittacisme* ou la pensée *symbolique*. Or cette forme indispensable de pensée serait entravée à chaque pas par une idéographie qui demanderait une perpétuelle attention au sens concret et adéquat de chaque mot. En résumé, une langue philosophique est *irréalisable* dans l'état actuel des sciences, et, fût-elle réalisée, elle serait *impraticable* même pour les savants, parce qu'elle irait au rebours de la fin de tout langage et de tout symbolisme, et paralyserait la pensée au lieu de l'aider.

Les langues artificielles.

Il ne reste donc plus qu'un parti : c'est d'adopter une *langue artificielle*. Mais il faut s'entendre sur cette épithète d'*artificiel*. Il ne s'agit pas de créer de toutes pièces une langue entièrement nouvelle, sans tenir compte des langues vivantes. On ne peut évidemment pas faire table rase de tout ce qui existe : nous ne sommes plus au paradis terrestre, et nous n'avons pas à reconstituer la langue qu'Adam aurait pu ou dû inventer. C'est ce qu'oublient trop certains systèmes, d'ailleurs ingénieux, mais construits en quelque sorte *a priori*. Par exemple, on a eu l'idée de constituer le vocabulaire de la L. I. en formant toutes les combinaisons monosyllabiques de consonnes et de voyelles qu'on peut prononcer, et en attribuant à ces *phonèmes* des sens plus ou moins arbitraires. Il est trop clair qu'un tel vocabulaire,

1. « L'invention de cette langue depend de la vraye Philosophie », disait DESCARTES ; et LEIBNIZ : « Il est vray que ces Caractères présupposeroient la véritable philosophie. »

dont la plupart des mots n'appartiennent à aucun idiome connu et n'évoquent aucune analogie avec nos langues, serait impossible à apprendre et à retenir; il faudrait avoir sans cesse le dictionnaire à la main pour parler ou même pour écrire. C'est là un vice capital et rédhibitoire pour une L. I.; et l'on peut affirmer que tout système qui procède de cette méthode court à un échec certain. L'élaboration du vocabulaire ne peut pas être un problème de Combinatoire.

Le vocabulaire international.

La L. I. ne peut réussir que si elle se rapproche autant que possible de nos langues nationales par son vocabulaire. Il semble difficile, à première vue, de constituer un vocabulaire vraiment neutre et commun à tous les peuples. Mais, en réalité, il existe déjà un vocabulaire international, beaucoup plus riche et plus étendu qu'on ne croit. En premier lieu, la plupart des termes scientifiques et techniques, généralement empruntés au latin et au grec, sont les mêmes dans toutes les langues européennes : on ne peut assurément songer à en choisir d'autres[1]. C'est à ce titre que les éléments gréco-latins ont droit de cité dans la L. I. On objectera peut-être que la terminologie scientifique allemande fait exception à cette règle. Mais d'abord, l'allemand possède presque toujours, à côté du mot d'origine germanique, un doublet gréco-latin qui seul est international. (Exemple : *Gesellschaft* et *Societät*.) Ensuite, là même où ce doublet manque, le mot germanique ne peut prétendre à l'internationalité de son équivalent gréco-latin : *Fernsprech* ne sera jamais universel comme *téléphone*, ni *Wissenschaft* comme *science*. Enfin, il n'en résultera aucun inconvénient pour les Allemands eux-mêmes, puisqu'ils sont obligés d'apprendre ces mots techniques (en Chimie par exemple) dès qu'ils veulent lire une langue étrangère.

Mais ce n'est pas seulement le vocabulaire scientifique qui est international; un grand nombre de mots usuels et même vulgaires sont

1. Exemples : *atome, axiome, architecture, bismuth, borax, cristal, croup, chiffre, gaz, granit, guitare, géométrie, mécanique, physique, nature, littérature, musique, poésie, philosophie, phosphore, minute, seconde; opale, saphir, topaze,* etc.; *orgue, flûte, violoncelle,* etc.; *tigre, panthère, léopard,* etc.; *pause, plan, planète, platine, rime, style, somme, terme, thèse, volcan, zénith, zinc.*

communs à toutes les langues européennes[1]. Il est clair que tous ces mots appartiennent *ipso facto* à la L. I., puisque, quand même la L. I. n'existerait pas, je me ferai comprendre dans tous les pays du monde en prononçant ou en écrivant un de ces mots. D'autres mots sont communs à trois langues au moins, notamment à l'anglais, à l'allemand et au français[2]. Il est naturel de les adopter de préférence à tous autres, pour désigner les idées correspondantes, puisque c'est ceux qui possèdent déjà *la plus grande internationalité*, et qui seront compris par le plus grand nombre d'étrangers. Lors même qu'une racine, identique au fond, est altérée d'une langue à l'autre, dans l'écriture ou dans la prononciation, comme le mot *nez* (*Nase*, *nose*, etc.), n'est-il pas indiqué de l'employer sous une forme moyenne (*naz*, par exemple), et n'aura-t-il pas plus de chances d'être deviné que tout autre vocable arbitrairement choisi?

Ainsi il existe un vocabulaire entièrement ou partiellement international déjà considérable et qui ne fera que s'accroître; il doit nécessairement fournir le noyau du vocabulaire de la L. I. Il suffit de le compléter en adoptant pour chaque idée le radical le plus international, c'est-à-dire commun au plus grand nombre de langues, à deux au moins (et l'on sait que ces mots communs à deux langues sont extrêmement nombreux[3]). Pour les idées qui sont traduites dans toutes les langues par des mots différents, on emprunterait impartialement les radicaux aux principales langues européennes, ou aux langues anciennes, en choisissant les plus courts, les plus distincts et les plus harmonieux[4].

1. Exemples : *poste, télégraphe, théâtre, tabac*; *ananas, anis, artichaut, barque, buffet, bronze, caractère, carte, chocolat, danse, diamant, époque, fabrique, flanelle, forme, galerie, grenade, groupe, lampe, limonade, liqueur, locomotive, niche, pantoufle, parc, plan, police, portrait, religion, rance, rente, riz, rose, saison, secrétaire, signal, sirop, soupe, sauce, talent, terrasse, toilette, truffe, université, valse, wagon, vin.*

2. Exemples : *café, carafe, drogue, éléphant, famille, flamme, industrie, insecte, institut, novice, oncle, papier*; *perle, personne, pompe, rat, riche, sac, thé, verbe.*

3. Par exemple, on adopterait *ship* (*schiff*) de préférence à *bateau*; *schuh* (*shoe*) plutôt que *soulier*; *dank* (*thank*) plutôt que *remercier*; *send* pour *envoyer*; et ainsi de suite.

4. Par exemple : *shirt* ou *hemd* pour *chemise*; etc.

Cette méthode éclectique permettrait même de remédier aux équivoques des langues vivantes, et de distinguer les idées trop souvent confondues sous un même mot, en leur assignant des radicaux différents empruntés à des langues diverses [1]. Il est clair qu'un vocabulaire ainsi formé possédera *la plus grande internationalité possible*, et sera le plus facile à apprendre pour chaque peuple, qui y connaîtra d'avance la moitié au moins des radicaux.

Formation des mots dérivés et composés.

Nous avons constamment parlé de *radicaux* : c'est qu'en effet, pour qu'une langue soit simple et aisée à apprendre, il faut autant que possible réduire au minimum le nombre des mots primitifs, dont le sens conventionnel est à retenir de mémoire [2]. Par suite, on devra pouvoir former le plus grand nombre possible de mots dérivés et composés suivant des règles absolument générales et uniformes.

Par exemple, le nom de celui qui pratique un art, une science ou un métier se formera au moyen d'un suffixe invariable (*-ist*, je suppose), au lieu que dans nos langues ces sortes de noms ont une foule de suffixes différents (*dentiste*, *bottier*, *pharmacien*, *marin*, *commerçant*, *professeur*, etc.). Il suffit d'une *trentaine* d'affixes empruntés, eux aussi, aux différentes langues vivantes ou mortes, pour traduire à peu près toutes les relations de ce genre, et l'on conçoit quelle clarté donne à la langue l'uniformité de sens de chacun d'eux. Pour la formation des *mots composés*, la L. I. devra présenter les mêmes facilités que le grec et l'allemand, par exemple, et procéder suivant les mêmes règles. En résumé, la L. I. aura toute faculté de former, au moyen des racines empruntées aux diverses langues, tous les mots dérivés et composés dont on aura besoin, et cela d'une manière régulière et automatique, sans qu'on soit jamais arrêté par aucune exception, et sans qu'on se

1. Exemples : *adresse*, *air*, *bois*, *botte*, *cours*, *droit*, *état*, *fort*, *génie*, *glace*, *intérêt*, *lettre*, *maître*, *mine*, *note*, *ordre*, *palais*, *propre*, *ressort*, *sac*, *sens*, *son*, *timbre*, *vol*, *voile*, *volume*, et presque toutes les prépositions et conjonctions, sans parler des innombrables équivoques des mots *que*, *en*, *si*, etc.

2. Ainsi il est évident que les mots qui signifieront *paix* et *apaisement* devront avoir le même radical. De même *droit*, *rectitude*, *rectifier*; etc.

heurte, comme dans toutes nos langues vivantes, au *veto* des puristes : « Ce mot n'existe pas[1]. » Elle aura par là une richesse et une souplesse qu'aucune langue vivante ne possède, et elle permettra de distinguer, notamment par des suffixes différents, des sens que nos langues confondent sans cesse[2]. Enfin, l'invariabilité des racines et des affixes permettra de lire immédiatement un texte à l'aide du dictionnaire seul, ce qui n'est possible pour aucune langue vivante.

Distinction des parties du discours.

A ces avantages la L. I. en joindra d'autres d'une nature nouvelle et absolument originale. Les diverses « parties du discours » seront distinguées par la forme même des mots, de sorte qu'on reconnaîtra à première vue ou à la simple audition un substantif et un verbe, un adjectif et un adverbe, etc. C'est là une commodité qu'aucune langue naturelle ne présente, et qui facilite singulièrement l'intelligence du discours; le rôle de chaque mot dans la phrase étant déterminé par sa physionomie, la construction logique se fera sans hésitation. Supposons qu'on ignore le sens d'un mot : on pourra le deviner ou le suppléer d'après sa fonction grammaticale; on pourra même s'en passer, car souvent il suffit de connaître cette fonction pour comprendre la phrase.

Orthographe et prononciation.

Un autre avantage, que presque aucune langue vivante ne possède, est une orthographe rigoureusement phonétique, ou une prononciation absolument conforme à l'écriture : toutes les lettres se prononceront, chacune d'elles aura toujours le même son, quelle que soit sa place dans le mot et quelles que soient ses voisines. La prononciation sera ainsi rendue, non seulement très simple et très facile, mais aussi uniforme

1. En particulier, on pourra *toujours* former avec *chaque* racine le *substantif*, l'*adjectif*, le *verbe* et l'*adverbe* correspondants.

2. Par exemple, les deux ou trois sens des mots en *-tion*, comme *correction*, qui signifie : 1° action de corriger; 2° résultat de cette action; 3° qualité de ce qui est correct.

que possible. L'alphabet devra comprendre les sons communs aux principaux peuples européens, et exclure ceux qui sont propres à un peuple et difficiles à prononcer pour tous les autres[1]. Il devra se composer de sons simples et francs, bien distincts : on en exclura les sons trop voisins les uns des autres, qu'une mauvaise prononciation pourrait confondre (comme les voyelles longues et brèves, fermées et ouvertes). Pour la même raison, le vocabulaire ne devra pas contenir de mots trop semblables de son, ni, *a fortiori*, d'homonymes (comme *patte* et *pâte*, *chasse* et *châsse*, *ship* et *sheep*). On laissera ainsi autour de chaque mot une certaine *marge d'indétermination*, de manière que la diversité inévitable des prononciations ne puisse donner lieu à aucun équivoque. En un mot, la L. I. devra rendre impossibles les calembours. D'ailleurs, *l'expérience a prouvé* que, dans ces conditions, la diversité de prononciation est insignifiante et nullement gênante; elle sera bien moindre qu'entre des hommes de divers pays qui parlent une même langue étrangère, et tout au plus égale à celle qui subsiste entre des compatriotes de diverses provinces parlant la langue littéraire de leur pays.

Réponse à quelques objections.

Nous venons de répondre à l'une des objections qu'on adresse le plus fréquemment à la L. I., à savoir la diversité de prononciation inévitable entre personnes de différents pays. Nous avons à en réfuter deux ou trois autres, qui tendent toutes à nier la possibilité d'un vocabulaire international.

On dit d'abord que la L. I. ne pourra pas rendre les *idiotismes*, les tournures et les métaphores de chaque langue vivante. Sans doute, puisque, par définition, un *idiotisme* est une façon de parler propre à une seule langue. Mais aucune langue étrangère non plus n'est capable de les rendre. Qui donc a jamais prétendu traduire littéralement en anglais ou en allemand les idiotismes du français, par exemple la locution : *tiré à quatre épingles*? Bien mieux : un Français parlant sa

1. Par exemple, l'*u* français, les *th* anglais, le *ch* allemand. En revanche, on n'ira pas jusqu'à proscrire l'*r* (comme le *Volapük*) sous prétexte que les Chinois ne peuvent pas le prononcer.

propre langue avec un étranger tâche d'éviter de telles expressions, qui ne seraient pas comprises sans un commentaire, et a soin d'employer un équivalent non figuré, par exemple : *correctement* ou *élégamment vêtu*. En un mot, il est obligé de *traduire* sa pensée, non seulement en anglais ou en allemand, mais même en français. Il ne lui en coûtera pas plus de la traduire en L. I. Le pittoresque et l'esprit y perdront peut-être ; la logique et la clarté y gagneront.

Mais, en dehors des idiotismes, il y a une foule de nuances et de finesses propres à chaque langue, qui ne pourront passer dans la L. I.[1]. Nous répondrons encore : peuvent-elles mieux passer dans une langue étrangère quelconque ? La L. I. aura au moins un avantage sur toutes les langues vivantes : c'est que, si ces nuances répondent vraiment à une distinction logique ou commode, rien n'empêchera de les transporter dans la L. I., tandis que jamais on ne pourra les faire entrer dans *une autre langue naturelle*, dont le génie s'y opposerait. Pour juger équitablement la L. I., chacun doit la comparer, non pas à sa langue maternelle, mais à l'une quelconque des langues étrangères qu'elle remplacerait pour lui et qu'elle le dispenserait d'apprendre.

Les vocabulaires techniques.

Enfin, on objecte, ce qui est plus grave, le défaut de concordance des concepts qui se correspondent en apparence entre les différentes langues, et même des sens qu'elles attribuent au même mot. Nous reconnaissons cet inconvénient, qui rend les traductions si difficiles et si imparfaites. Mais, encore une fois, ce n'est pas là un défaut propre à la L. I., et il ne sera pas plus difficile de traduire un texte d'une langue vivante dans la L. I. que d'une langue vivante dans une autre quelconque. Pourquoi exiger de la L. I. une commodité que n'offre aucune des langues naturelles, et qu'il est impossible d'obtenir en raison même de la diversité de celles-ci ? Bien plus, si cet obstacle inhérent à la diversité des langues peut être surmonté dans une certaine mesure, c'est par la L. I. qu'il le sera. En effet, le sens des mots pourra y être rigoureusement défini ; les sens divers de nos

1. Par exemple, le russe a *quatre* mots, répondant à *quatre* nuances de sens, pour dire « *quelque chose* ».

vocables pourront être dissociés et représentés par des mots différents, de manière à éviter toute équivoque; et surtout, on pourra les dépouiller des associations d'idées nées de l'usage populaire, qui en compliquent et en dénaturent le sens. Et puis, il ne faut pas oublier que la L. I. est surtout destinée aux usages scientifiques et commerciaux. Or le propre d'un concept scientifique ou technique, c'est d'être *absolument international*, c'est-à-dire le même pour tous les esprits: sans quoi il ne serait pas objectif et vraiment *scientifique*.

D'ailleurs, les vocabulaires techniques de chaque science devront être élaborés par des commissions spéciales, qui fixeront le sens de chaque mot et du même coup définiront avec précision les concepts correspondants. Pour la philosophie même, un tel travail a été proposé par plusieurs membres du *Congrès de Philosophie*, et va être entrepris, pour le *français*, par la *Société française de philosophie* récemment fondée. De la comparaison des vocabulaires philosophiques et scientifiques de chaque langue ressortira naturellement un vocabulaire philosophique et scientifique international. Ce travail profitera à la fois à la L. I. et aux sciences elles-mêmes, qui trouveront en elle un organe plus logique, plus clair et plus complet que dans aucune langue nationale.

Grammaire et syntaxe.

Quant à la grammaire et à la syntaxe, elles devront être réduites au strict nécessaire; et l'on ne se doute pas à quel degré de simplicité et de régularité, inconnu de nos langues, elle peut se ramener. La distinction des genres, si embarrassante pour les étrangers, est inutile (sauf dans les pronoms et adjectifs possessifs de la 3e personne, où le genre sera *naturel*). Les verbes n'ont pas besoin de varier suivant le nombre et la personne, le sujet donnant déjà ces indications. Dès lors, il suffit d'avoir une marque pour le pluriel des noms, quelques affixes pour distinguer les temps et les modes des verbes et pour former les participes; en tout, *moins de vingt* désinences ou flexions grammaticales, toutes absolument uniformes et invariables. Plus de déclinaisons, presque plus de conjugaisons, plus de noms et de verbes irréguliers. Une telle grammaire peut être apprise *en une heure*, et néanmoins elle permet de rendre toutes les nuances de pensée qu'expriment nos langues, et même quelques-unes de plus, grâce à la logique rigoureuse qui réglera l'emploi des temps et des modes[1].

On peut donc affirmer, avec MAX MULLER, qu' « *une langue artificielle peut être beaucoup plus régulière, plus parfaite, plus facile à apprendre que n'importe laquelle des langues naturelles de l'humanité* ».

Le programme que nous venons d'esquisser paraîtra peut-être chimérique à quelques lecteurs. Nous n'y avons pourtant énoncé aucune condition qui ne soit déjà réalisée dans une ou plusieurs langues artificielles : nous n'avons fait que résumer leurs qualités et leurs avantages; nous ne promettons donc rien d'impossible, en définissant ainsi le *minimum exigible* de la future L. I., puisque des langues actuellement pratiquées le fournissent déjà. Nous ne savons pas si l'on peut faire mieux; il faut le croire, parce que toute œuvre humaine est perfectible. Mais, faute de mieux, il suffirait d'adopter l'une de ces langues pour jouir immédiatement de tous les avantages que nous avons énumérés. Ne disons donc pas seulement que la L. I. est possible : elle existe, et elle peut être employée dès demain, si on le veut.

Le naturel et l'artificiel.

A l'idée d'une langue artificielle on objecte souvent que les langues sont un produit spontané de l'esprit populaire, et ne peuvent se créer par décret ou par convention. Mais c'est une induction illégitime, qui érige un fait historique en une loi nécessaire : de ce que toutes les langues sont nées de cette manière, on ne peut pas conclure qu'elles ne puissent pas se former autrement. Quelqu'un qui ne connaîtrait

1. LEIBNIZ disait déjà : Les prépositions dispensent des cas ; les conjonctions dispensent des modes. Certains auteurs de L. I. se passent du subjonctif et même du conditionnel. En tout cas, l'emploi des temps et des modes ne devra pas être régi par les conjonctions ni par des règles d'accord, mais uniquement par le sens. On dira : « Si vous viendrez, je viendrai » ; « Je veux qu'il viendra » ; « Je doute qu'il viendra »; « Je crains qu'il viendra », comme on dit : « J'espère qu'il viendra ». Voilà un exemple, entre mille, des réformes *logiques* que les puristes n'accepteront jamais dans aucune langue vivante ou morte.

que nos vieilles cités d'Europe pourrait de même inférer qu'il est impossible de construire une ville sur un plan régulier et arrêté d'avance : et pourtant cela se voit au Nouveau-Monde. En fait, il existe déjà des systèmes de signes internationaux, les chiffres, les signes d'algèbre, les formules chimiques, les notes de musique, les signaux maritimes, qui tous sont conventionnels, et deviennent par l'habitude aussi naturels que les langues vulgaires, de même que les signes du télégraphe, les signes manuels des sourds-muets, l'alphabet Braille des aveugles ; tous ces systèmes sont autant de langages, résultats d'une invention et d'une convention, et pourtant ils deviennent, pour ceux qui les pratiquent journellement, l'expression immédiate et spontanée de leur pensée. L'induction précédente manque donc de base, et pourrait se retourner contre nos adversaires. Mais, en réalité, elle n'a aucune valeur scientifique et logique, car elle se réduit à ceci : « Cela ne s'est jamais fait ; cela ne s'est jamais vu. » C'est l'argument de la routine, c'est la négation de tout progrès. On aurait pu, il y a dix ans, employer des inductions tout aussi valables pour démontrer que l'on ne pourrait *jamais* voir l'intérieur du corps humain, ou que l'on ne pourrait *jamais* télégraphier sans un fil métallique ou un conducteur matériel : car cela non plus « ne s'était jamais vu ». Lorsqu'on proposa de construire en France les premiers chemins de fer, des gens très sérieux, et qui se croyaient très forts, démontraient savamment qu'une locomotive ne pourrait *jamais* remorquer un train sur une voie ferrée, et cela, alors que des chemins de fer marchaient déjà en Angleterre. Que ceux qui nient la possibilité d'une L. I. prennent garde de ressembler à ces gens-là.

Au surplus, est-il permis d'opposer la langue *artificielle* à nos langues *naturelles* ? Oublie-t-on que toutes les langues civilisées sont en grande partie le produit d'une élaboration consciente et réfléchie ? S'il fallait en supprimer tout élément artificiel, il faudrait rayer de nos dictionnaires tous les mots dits « de formation savante », soit 21 000 sur 27 000 en français, sans parler des nombreuses règles grammaticales qui sont nées, non pas de l'usage populaire, mais des raffinements des lettrés et des fantaisies des grammairiens. Quoi de plus artificiel et de plus arbitraire, par exemple, que la distinction des genres, ou que la répartition des noms entre les déclinaisons et des verbes entre les conjugaisons ? En réalité, chacune de nos langues paraît avec raison absolument artificielle à tous ceux qui ont à l'apprendre, enfants ou étrangers; aussi les fautes qu'ils y commetten tendent-elles toujours à la rendre plus logique. En comparaison de ces idiomes de formation spontanée et populaire, et par suite pleins d'irrégularités, de bizarreries et d'absurdités, une langue artificielle logiquement construite ne sera pas seulement cent fois plus simple et plus facile, elle sera réellement *plus naturelle*, car elle sera *rationnelle*.

La fusion des langues.

Certains, d'ailleurs favorables au principe d'une L. I., croient qu'elle pourra naître d'une « évolution spontanée » qui fondrait peu à peu toutes les langues civilisées en une seule. Mais c'est là une illusion, et une illusion dangereuse. Les langues nationales sont trop hétérogènes pour se rapprocher et se mêler; leur contact, leur frottement, leur rivalité même ne font qu'accentuer leur diversité foncière et leur originalité irréductible. Et puis, lors même que cette fusion s'opérerait (au bout de combien de siècles ?), elle donnerait naissance à un idiome peut-être plus simple et plus commode, mais aussi irrégulier et aussi illogique que nos langues, puisqu'il serait comme elles le fruit d'une « évolution spontanée ». Ce serait une espèce de *sabir* ou de *petit nègre*, au lieu de la langue régulière et logique (sinon philosophique) que nous demandons. Enfin, ce serait une *langue universelle*, c'est-à-dire une chimère; et c'est à cette chimère qu'on sacrifierait la L. I., qui peut être constituée et pratiquée immédiatement! Ce serait lâcher la proie pour l'ombre.

La thèse que nous combattons invoque encore des arguments spécieux : les langues sont des êtres vivants; on n'imite pas la vie, on la crée encore moins, etc. Toutes ces considérations en apparence profondes ne sont que des métaphores poétiques. Elles procèdent d'une philosophie superficielle qui, sous un faux libéralisme, cache un fatalisme radical. Cette idolâtrie de la *nature* tend à empêcher toute invention et à ruiner toute activité humaine. Les arts consistent à rendre *artificielles* les actions les plus *naturelles*, la danse et le chant, même la marche et la parole. Ce n'est pas seulement l'art, mais l'industrie et la civilisation tout entière qui répondent à la définition de BACON : *homo additus naturæ.* C'est justement le privilège de l'homme de diriger et de corriger la nature, de la perfectionner au besoin et de la discipliner. Dans toutes les institutions et dans toutes les productions humaines, le progrès consiste à remplacer l'action spontanée par l'action réfléchie, l'instinct par la raison. Il ne faut donc pas s'en laisser imposer par le respect superstitieux de la *nature*, de l'*évolution* ou de la *vie* : ce n'est au fond qu'un sophisme paresseux. C'est comme si l'on avait compté sur les forces naturelles pour percer l'isthme de Suez ou le tunnel du Saint-Gothard.

L'entente internationale.

On objecte enfin l'impossibilité de faire adopter une langue conventionnelle par une entente internationale. Ici encore nous répondrons par des faits. Outre les systèmes de signes déjà cités (comme le code international de la marine), la numération décimale, la division du cercle et celle du temps, le calendrier *grégorien*, le système métrique, le système d'unités C. G. S., la nomenclature et la notation chimiques, etc., sont autant d'institutions internationales que leur utilité ou leur commodité ont fait adopter par toutes ou presque toutes les nations. Si quelques-unes résultent d'un accord spontané et progressif entre les intéressés, les autres ont été décrétées à jour fixe et promulguées par une autorité, par un corps savant ou par un *Congrès*. Le besoin d'uniformité entre les nations est si grand, qu'on a tenu à Paris, en 1900, un *Congrès pour l'unification du numérotage des fils*. Serait-il donc impossible de s'entendre pour l'unification du langage scientifique et commercial, qui doit résumer et compléter toutes ces conventions spéciales et partielles ?

La lutte pour la vie.

Reste à savoir si l'entente, possible et désirable, naîtra d'un accord spontané ou d'une décision d'autorité. Sans doute, elle peut s'établir *à la longue* par la propagande des divers projets de L. I. et par leur concurrence naturelle, qui ferait triompher à la fin le meilleur, c'est-à-dire le plus commode et le plus facile. Mais cette *lutte pour la vie* devrait durer longtemps avant d'aboutir, et peut-être même n'aboutirait-elle pas. En effet, les divers projets de L. I. ne peuvent pas entrer en concurrence, car chacun d'eux recrute séparément des adeptes qui ne se rencontrent et ne se connaissent même pas. Bien restreint est le nombre de ceux qui connaissent plusieurs de ces projets et peuvent *choisir* entre eux. Le plus grand nombre des intéressés n'en connaîtra qu'un, et chacun, séduit par le principe, adoptera celui que le hasard lui offrira le premier. Donc, en supposant que ces divers projets aient tout le succès possible, c'est-à-dire réussissent à enrôler tous les intéressés, ils n'aboutiraient qu'à partager le monde civilisé en autant de domaines linguistiques étrangers les uns aux autres, et dont la concurrence serait aussi ardente et aussi stérile que celle des langues nationales elles-mêmes. Au lieu de détruire la tour de Babel, on en aurait édifié une autre, plus indestructible encore, car aucune des L. I. rivales ne voudrait céder aux autres et reconnaître son infériorité. Il ne faudrait rien moins qu'un arbitrage et une décision souveraine pour résoudre ce conflit, et encore n'y réussirait-on peut-être pas, car ceux qui auraient pris la peine d'apprendre une L. I. ne consentiraient pas volontiers à se donner la peine d'en apprendre une autre, fût-elle plus facile et plus parfaite.

Le cercle vicieux.

Il vaut donc mieux recourir à cet arbitrage pendant qu'il en est encore temps, c'est-à-dire alors que les adeptes de telle ou telle L. I. ne forment encore qu'une infime minorité dans l'ensemble des intéressés. D'autant plus que c'est le meilleur moyen de vaincre l'inertie de ceux-ci. En effet cette inertie, plus apparente que réelle, a une raison d'être : chacun des intéressés attend, pour apprendre une L. I., qu'elle puisse lui servir, c'est-à-dire que tous les autres l'aient apprise avant lui. Comment sortir de ce cercle vicieux? Il y a encore une autre raison : chacun des intéressés se fait le raisonnement du § précédent : il veut bien apprendre *une* L. I., mais à la condition que ce soit *la* langue internationale. Mais sait-il si c'est la bonne, la vraie, la seule? Qui lui dit que, pendant qu'il l'apprend, d'autres n'en pratiquent pas une autre qui détrônera celle-là? Enfin, la faillite du *Volapük* a rendu beaucoup de gens défiants, sinon sceptiques, et elle a engendré un préjugé injuste contre le principe de la L. I. Le *Volapük* a dû son succès brillant et rapide à ce qu'il répondait à un besoin véritable, surtout chez les commerçants. Et son échec s'explique par ses défauts propres, notamment par l'insuffisante internationalité de ses radicaux [1]. Ainsi son succès prouve en faveur du *principe* pour lequel nous plaidons, et son échec ne prouve rien contre lui. On ignore que, si le *Volapük* a succombé si vite, c'est qu'il a été détrôné et remplacé, même chez ses plus fervents adeptes, par une langue beaucoup plus parfaite et surtout plus *pratique*, l'*Esperanto* [2]. Il ne faut donc pas désespérer de la cause, et il faut se garder de juger l'*idée* même de la L. I. d'après ses réalisations plus ou moins défectueuses. Toutes les inventions, même les plus heureuses et les plus fécondes, commencent par une période de tâtonnements et d'essais informes : quel cycliste voudrait aujourd'hui monter une draisienne, ou même un bicycle à grande roue d'il y a vingt ans?

La solution.

Il y a donc lieu de distinguer nettement deux questions : la *question de principe* et la *question du choix*. *Nous ne posons à présent que la première.* C'est la seule qui intéresse l'immense majorité du public; c'est aussi la seule sur laquelle il soit qualifié pour donner son avis. Que demande-t-il, en somme? Une L. I. *pratique*, mais surtout *unique*; car mieux vaudrait une seule L. I. médiocre que plusieurs L. I. plus parfaites, mais dont aucune ne serait « internationale ». Il faut donc remettre le *choix* à une institution *internationale* qui ait la compétence et l'autorité nécessaires, afin que sa décision s'impose aux intéressés et les mette tous d'accord.

Or il existe une telle institution : c'est l'*Association internationale des Académies*, fondée en 1900. Aucun corps n'est plus qualifié pour rendre la décision souveraine dont il s'agit. Mais pour qu'elle prenne en considération la question et se charge de la résoudre, il faut évidemment qu'elle soit saisie par l'ensemble des intéressés, et qu'ils la prennent

1. Qui se doute, par exemple, que le nom même du *Volapük* est composé des deux racines anglaises : *world* (univers) et *speak* (parler)?

2. Voir Gaston Moch : *La question de la Langue internationale et sa solution par l'Esperanto*, extrait de la *Revue internationale de Sociologie* (Paris, Giard et Brière, 1897).

en quelque sorte pour arbitre. C'est dans ce sens que nous invitons les Sociétés de savants, de commerçants et de voyageurs de tous les pays à émettre des vœux et à élire des délégués qui se joignent à nous pour les présenter à la susdite *Association* au nom du monde civilisé.

Si l'*Association* refusait de se charger du choix désiré, c'est le *Comité* élu par la *Délégation* qui s'en chargerait; et, comme il serait le représentant (au second degré) de l'ensemble des intéressés, sa décision aurait encore toute l'autorité nécessaire pour s'imposer aux sociétés adhérentes, et par elles à tous les pays. (Il va sans dire que ce *Comité* serait composé d'un petit nombre de personnes d'une compétence et d'une impartialité reconnues, prises au besoin en dehors de la *Délégation*.) Ainsi, de toute façon, les vœux des Sociétés adhérentes sont assurés de recevoir satisfaction. Lors même qu'une minorité de Sociétés, voire une nation entière, resterait en dehors de ce plébiscite international, il suffirait que la L. I. choisie fût pratiquée par la *majorité* des sociétés et la *majorité* des nations pour qu'elle s'imposât bientôt aux autres, au nom même de leur intérêt, car elles y trouveraient un avantage manifeste, tandis que l'ignorance de la L. I. les mettrait dans un état d'infériorité marqué.

Conclusion.

Mais au-dessus de l'intérêt pratique que la L. I. offre aux individus et aux nations, il y a un intérêt général et humain qui ne saurait laisser indifférents les savants et les philosophes. Nous avons dit que la nécessité de la L. I. résultait du développement inouï des relations internationales. Inversement, l'institution d'une L. I. rendra ces relations plus fréquentes et plus nombreuses. Elle favorisera à la fois l'extension des échanges commerciaux et celle des échanges d'idées. Elle permettra aux savants d'être plus vite et plus directement informés des découvertes et des progrès accomplis dans tous les pays. En faisant profiter chacun d'eux des travaux de tous ses confrères, elle leur épargnera des recherches inutiles et des pertes de temps, elle accroîtra entre eux l'entente nécessaire à l'organisation et à la division du travail scientifique, elle réalisera de plus en plus l'unité de la science; elle incarnera et symbolisera l'unité de l'esprit humain. On nous objecte souvent que les langues vivantes ont un contenu intellectuel et moral, à savoir l'esprit, le caractère et l' « âme » d'un peuple. Mais la L. I. aura un contenu plus riche et plus précieux encore : l'ensemble des idées et des vérités philosophiques et morales, scientifiques et pratiques qui forment le patrimoine commun de l'humanité.

Il serait sans doute excessif de prétendre qu'elle suffira à donner aux hommes la conscience de leur fraternité, à empêcher entre les nations tout conflit sanglant et à remplacer le règne de la force par celui du droit. Mais du moins elle aidera les peuples à se mieux connaître, à se fréquenter davantage, à se comprendre, à s'estimer et à se respecter. Elle pourra dissiper bien des préjugés et des malentendus qui les séparent, resserrer et multiplier entre eux des relations, non seulement d'intérêt, mais de sympathie, qui contribueront à affermir la concorde et la paix. « Nos devanciers ont créé la conscience familiale, la conscience de la cité, la conscience nationale. Il nous appartient de créer la conscience de l'humanité [1]. » Cette conscience de l'humanité, qui commence à se former et à se manifester, trouvera dans la L. I. un organe et un véhicule indispensables. Il dépend de chacun de nous de hâter cette grande réforme, qui marquera dans l'histoire de l'humanité une époque comparable à celle de l'invention de l'imprimerie, et qui contribuera puissamment aux progrès de la science et de la civilisation.

Louis Couturat,
Professeur de l'Université de Toulouse,
Délégué du *Congrès international de Philosophie*.
(Paris, août 1900.)

1. Allocution de M. Boutroux, Président, à la séance d'ouverture du *Congrès international de Philosophie*, 1er août 1900. (Voir *Revue de Métaphysique et de Morale*, t. VIII, p. 510; et *Bibliothèque du Congrès*, t. I, p. xxi.)

www.ingramcontent.com/pod-product-compliance
Ingram Content Group UK Ltd.
Pitfield, Milton Keynes, MK11 3LW, UK
UKHW022159190726
13855UKWH00004B/1542

9 782013 070348